...E HISTORIQUE

SUR FALAISE

...DE LA GARDE NATIONALE

Par la Société historique de
Normandie

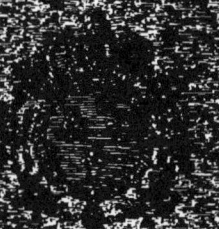

...

A

LA GARDE NATIONALE

DE FALAISE.

A qui dédier les faits historiques et guerriers d'une Ville qui s'est montrée si ardemment pour son Roi, les 26 Juin et 8 Juillet 1815, si ce n'est à l'élite de cette Ville même ?

C'est donc à vous, brillante Garde nationale de Falaise, que l'Auteur ose adresser ce rapide écrit, résultat ou plutôt résumé de ses longues recherches.

Si les temps modernes ont vu se manifester dans vos murs l'amour du Souverain légitime, d'une manière éclatante et digne de remarque, dans l'antiquité, vos pères ne se sont pas montrés moins fidèles envers les Ducs de Normandie, ensuite envers les différens Rois de France.

Cette empreinte de fidélité qui caractérise votre Ville, se trouve démontrée par les faits recueillis dans ce foible Ouvrage, et en est le principal objet. — Tous ces faits sont authentiques. — Egalement puisés en Angleterre (*) et en France, aux premières sources, il eût été difficile à tout autre de les rassembler, peut-être même impossible.

En se livrant donc à la censure, l'Auteur ne peut que désirer sans doute de la désarmer; mais possédant parmi vos Chefs un beau-frère, un fils, que n'a-t-il pas droit d'attendre de l'attachement de ses compatriotes et de leur indulgence.

(*) Les citations en langue Romane ont été copiées à Londres, sur les manuscrits originaux; celles en Latin ont été prises en France.

NOTE HISTORIQUE

SUR FALAISE.

A YANT déjà puisé un Feuilleton à l'antique, dans sa correspondance avec *Falaise*, l'Hermite de la Guiane a prétendu encore découvrir un antiquaire parmi les habitans de cette ville. Émerveillé de sa découverte, il sollicite pour lui une place à l'Institut, dans ce même feuilleton du 18 Mars 1816.

Les détails qui l'ont séduit, au sujet du prince *Artur*, enfermé au château de *Falaise* en 1202, avoient été tirés en grande partie de la bibliothèque du roi d'Angleterre, et comme cette bibliothèque a fourni aussi sur cette ville quelques notices assez anciennes pour offrir de l'intérêt, elles méritent de voir le jour.

Toutefois son origine ne paroît pas être d'une très-haute antiquité, ni dater d'une époque de plus de mille ans, malgré les différentes versions ou dires publics qui ont fait remonter sa fondation jusqu'au temps de *Jules-César*, auquel on a attribué la construction de cette vieille forteresse encore existante ; car on sait que *Jules-César* n'a jamais passé sur la rive gauche de la Seine, qu'il s'embarqua pour l'Angleterre, vers Calais ou Boulogne, et que ce fut *Labienus*, son lieutenant, qui fut envoyé dans la Basse-Normandie. Rien n'indique dans ses commentaires que *Falaise* existât, ni que les Romains y ayent campé, ni qu'ils y ayent construit aucun fort. Enfin, l'abbé de *Longuerue* nous certifie que cette ville n'a jamais été connue avant les invasions des Normands, et il assure qu'elle fut bâtie par eux, ce qui ne fait remonter son origine que vers la fin du 9e. siècle ou au commencement du 10e., c'est-à-dire, vers le temps du fameux *Roul* ou *Rollon*.

Les plus anciens écrivains, *Guillaume* de *Jumiège*, *Robert Wace* et *Ordéric Vital*, n'en disent rien avant l'année 1026, époque où ils la citent à l'occasion de l'envahissement qui en fut fait par le comte d'Hyèmes *Robert*, sur son frère le duc de Normandie *Richard III*; ce qui donneroit à penser qu'alors *Falaise* ne faisoit point encore partie de ce comté remarquable, qui s'étendoit jusque dans les environs de Caen; dans ces temps reculés, la principale rue de cette ville, la rue S.-Jean, portoit le nom de rue Mésine, diminutif de Exmoisine ou Hyèmoise, *via Oximensis*.

Ce comté d'Hyèmes date indubitablement de l'époque des premiers fiefs et des partages faits par *Rollon*. On sait que ce fameux prince Danois, ce principal chef des hommes du Nord, divisa la Neustrie en comtés, baronnies, fiefs et arrières-fiefs, à charge d'aveu et hommage, et de service à la guerre. Ses principaux chefs eurent les comtés et baronnies, les inférieurs eurent les villages que, sans doute, ils aggrandirent, et que le plus souvent ils fondèrent. Partie des terres furent partagées aux soldats, à charge de rentes et de services envers leurs officiers ou capitaines, en style roman *chevetaignes*, qui devinrent les seigneurs des villages, tandis que leurs soldats devinrent leurs vassaux, et par la même gradation, ces seigneurs devinrent les vassaux du duc *Roul* ou *Rollon*, premier duc de Normandie, et qui en prit le titre en l'année 912.

Voici ce qu'a écrit *Dudon de Saint-Quentin*, le plus antique de nos historiens normands. Vers la fin du 10e. siècle, il avoit composé son ouvrage à la demande de Richard Ier., troisième duc de Normandie et petit-fils de Rollon; la mort de ce duc en 996, le lui ayant fait abandonner, il ne l'acheva que sur les sollicitations de Richard II, quatrième duc.

« *Rollon*, dit-il en latin, donna aux chanoines, pour
» posséder à perpétuité, un terrain considérable afin d'y
» bâtir une église en l'honneur de Dieu et de Ste.-Marie
» de Rouen.

» Le second jour, il fit une pareille donation en faveur
» de l'église Sainte-Marie de Bayeux.

» Le troisième jour, en faveur de l'église Sainte-Marie
» d'Evreux.

» Le quatrième, en faveur d'une église pour l'archange
» St.-Michel, sur un terrain en péril de la mer, chaque
» jour entouré d'inondations.

» Le cinquième, en faveur d'une église, pour Saint-
» Pierre et Saint-Ouën de Rouen.

» Le sixième, en l'honneur de l'église de Jumiège,
» dédiée à Saint-Pierre et à Saint-Aicadre.

» Le septième, il donna Brenneval, avec toute sa
» dépendance, au bienheureux Saint-Denis.

» Le huitième jour de ses expiations, s'étant revêtu de
» ses habits baptismaux et chrétiens, il commença un
» grand travail pour le partage et la distribution des
» terres entre ses principaux chefs et comtes.

[4]

» Ensuite, ayant fait préparer le jour nuptial avec un
» appareil magnifique, il épousa *Giselle*, la fille du
» roi, et par ce mariage il pacifia tout, en se conciliant
» avec les Français.

» Il autorisa les gens de toutes les nations à demeurer
» dans sa terre, leur promettant sûreté et protection
» lorsqu'ils lui en faisoient la demande, et cette même
» terre (c'est-à-dire la Normandie) il la partagea à
» ses fidèles serviteurs, *funiculo divisit*. Il fit faire des
» bâtisses et des établissemens sur cette terre générale-
» ment déserte, en faveur de ses soldats et de ses chefs
» de guerre, et aussi en faveur des étrangers, auxquels
» il permettoit de venir s'y établir. »

D'après le dire de cet historien, on voit que toute
cette terre, et surtout la Basse-Normandie, étoit à peine
habitée, par conséquent à-peu-près sans culture. Les
bords de la Seine pouvoient offrir quelque population,
principalement Rouen qui possédoit un archevêque; tandis
que les autres villes n'étoient que de simples petites bour-
gades que les Normands augmentèrent par la suite, et
qu'ils fortifièrent, principalement dans le 11e. siècle,
sous le duc Robert et sous son fils le duc *Guillaume*.

Le comté d'Hyèmes, qui fut sans doute un des résultats
de ce partage en 912, devint le principal gouvernement
et la place de faveur. Nous voyons qu'il étoit toujours
donné soit à un frère, soit à quelque proche parent du
duc de Normandie, et que le même *Robert*, lorsqu'il
parvint au duché en 1028, en investit son chambellan
Toustain, dérivé du danois *Tursten*.

C'est de cette époque que date pareillement le comté
d'Harcourt près Briône, dont le premier comte fut un
célèbre *Bernard* le *Danois*, qui se fit remarquer, ainsi

qu'*Osmond* de Centeville, dans la tutelle du jeune *Richard I.*er, petit-fils de *Rollon*.

Il en est de même du comté de Bayeux, que *Rollon* donna à un de ses chefs nommé *Boton*, après l'avoir enlevé au comte *Bérenger*.

Aussi du comté d'Alençon, où les sires de *Talvas* exercèrent des cruautés.

Nos antiques Historiens ont encore conservé les noms de quelques seigneurs d'origine Danoise, dont les terres ou fiefs datoient indubitablement du même partage. Tels que les sires de *Montgommeri*, de *Tony*, de *Gyroie*, de *Beaumont*, aussi les *Osberne*, *Herfast*, *Albemarle*, *Tesson de Cinguelais*, *Vauquelin* de *Pont-Echeufrey*, et *Vauquelin*, seigneur *de Ferrières* sur la Charentone. Ce dernier est cité en 1035, pour un combat d'une fatalité mémorable contre *Hugues Toustain*, seigneur de Montfort sur Rille, sous la minorité du *duc Guillaume*; ils se tuèrent tous deux. Son fils aîné, *Henry de Ferrières*, accompagna le duc en 1066, en Angleterre, où il eut le gouvernement de Stutesbury. — Tandis que le second *Guillaume de Ferrières* continua de servir en Normandie. (*Voyez* Ordéric Vital, page 522.)

L'on ne trouve donc rien, comme nous l'avons dit, qui fasse mention de *Falaise* avant 1026, sauf un manuscrit découvert à Alençon, par M. l'abbé LANGEVIN, qui cite un passage du duc *Roul* ou *Rollon* par *Falaise* en 912, ce qui ne détruit pas l'assertion que cette ville ait été fondée par les Normands ; et s'il existe quelques marques d'une antiquité plus reculée, ce n'est que dans le faubourg de Guibray qu'elles se découvrent. Le portail de l'église, seul morceau antique parfaitement conservé, démontre l'époque de l'origine du Christianisme dans les

Gaules. L'observation et l'examen en ont été faits der-
nièrement sur les lieux par un antiquaire, qui en a porté
cette décision, M. *Devèze*, alors dessinateur de M. *de
Laborde*, maintenant secrétaire de *Monseigneur*, COMTE
D'ARTOIS.

Ce portail paroît être encore celui de l'antique chapelle bâtie en l'honneur d'une vierge miraculeuse qui étoit
l'objet de nombreux pélerinages, surtout au 15 d'Août;
le concours de monde y attiroit des marchands; in-
sensiblement, ce pélerinage devint un rendez-vous de
commerce et une foire qui prit une grande importance
sous le *duc Robert*, et encore plus sous la protection
spéciale de *Guillaume-le-Conquérant*, qui, en faveur
du lieu de sa naissance, accorda de grands priviléges à
la ville, et l'exemption de tous impôts et péages pour
la foire de Guibray. (« Qui croiroit que pendant les
» fureurs révolutionnaires et les ardeurs républicaines,
» on ait imaginé de taxer les boutiques de cette foire
» comme portes cochères. »)

Du reste, l'étymologie de *terre blanche*, donnée par
M. l'abbé LANGEVIN, au mot *Wibraïum* ou *Wibraïa*,
en français *Guibray*, d'après des mots antiques, nous
paroît fort bonne et suffisamment prouvée.

Il faut donc partir de 1026 pour pouvoir citer cette
ville, qui, jusques-là ne figure point dans l'histoire.
Mais alors elle acquiert rapidement une grande célébrité.
Le *duc Robert*, aussitôt qu'il s'y fut établi, s'occupa de
la mettre en état de défense à dessein de s'y maintenir;
pendant qu'il y commandoit en maître, son cœur, jusqu'alors insensible, fut tout-à-coup dominé par les
charmes d'une jeune fille, d'une grande beauté. Agité,
tourmenté par cette passion, il fait faire des démarches

auprès du père, qui d'abord est inflexible et voudroit soustraire sa fille ou la cacher. Mais elle, flattée de la préférence de son souverain, emploie l'entremise d'un oncle, hermite en *Gouffern*, et obtient le consentement désiré. Le duc enchanté, ravi, envoie promptement deux chambellans pour l'engager à monter au château, et afin de couvrir le tout des voiles du mystère, on lui propose de venir pendant la nuit, en l'assurant qu'on la ramènera chez elle avant que ne *chante l'alouette huppée.*

Furieuse de la proposition, elle répond, qu'on fait bien peu de cas d'elle, si on veut la traiter comme une fille à gages ou comme une *pauvre chambrière ;* et qu'elle doit être menée honorablement suivant son état, puisque *le duc querre et demande son gentil corps.* Effectivement, le père, que le duc, en récompense, fit chambellan, étoit un bourgeois aisé, quoique ce ne fût qu'un pelletier originaire de la Belgique, nommé *Herbert,* par le *Gallia Christiana,* et *Foubert* par *Guillaume de Jumièges.*

Enfin, ayant signifié très-positivement qu'elle n'iroit que *comme fille à prud'homme, pour son honneur croitre et pour son bien ;* ses différens refus firent traîner l'affaire encore huit jours, au bout desquels le duc consentit à lui envoyer *son palefroy,* ainsi qu'elle l'exigeoit. — Alors, s'étant vêtue d'habits riches et élégants, *et d'une belle pelisse grise,* ayant orné sa chevelure *d'un fraiseau de fin argent,* elle monta sur le cheval du duc *sans s'élancer,* avec une grâce admirable. *Ne sçais,* dit l'historien, *si plus belle, jamais fut née.* Entourée d'une escorte brillante, elle fut conduite au château en plein jour et avec appareil. Arrivée là, le portier lui proposa de passer *par le guichet.* Courroucée de nouveau, elle se récria contre l'inconvenance du procédé, et dit hautement que se rendant aux ordres du duc, il n'étoit pas décent de la faire entrer ainsi. Elle se fit donc ouvrir la grande porte toute entière ; conduite ensuite dans la *chambre voûtée, peinte en or, vermeil et à couleurs,* elle mit le comble aux amours et au bonheur du duc.

On voit par ce récit qu'*Arleitte* n'osant prétendre à l'honneur d'être épouse légitime, et fâchée de n'être que concubine, donna une telle publicité à son union, qu'elle fut en quelque sorte *épousée,* suivant une loi d'alors. C'est ce que dit le poëte que nous allons citer par ce vers : *Selon loi comme épousée.*

Beneois de Ste.-More, un des poëtes de *Henri II,* roi d'Angleterre, et qui écrivit, à sa demande, une histoire des Ducs de Normandie en langue romane, pendant la seconde moitié du 12e. siècle, chanta les amours d'*Arleitte* et du *duc Robert,* en une pièce de plus de deux cents vers. Ce morceau, découvert à Londres, dans les manuscrits du roi, en 1792, est tout entier dans un Ouvrage nouveau. (*)

L'autre poëte de Henri II, *Robert Wace,* fit aussi à la même époque, une Histoire des Ducs de Normandie, à la fin de laquelle il paroît démontrer un peu de jalousie envers son confrère ; n'ayant pas reçu la même demande du prince, il semble s'être dépêché de finir la sienne le premier, et vouloir narguer son rival. Il chante aussi les mêmes amours, mais avec moins d'élégance que *Beneois de Ste.-More.* — Voici ce qu'il dit :

A Faleise out li ducs hanté
Plusures faiz i out conversé.

_____

(*) Voyez *la nouvelle Histoire de Normandie, imprimée à Versailles, chez* Jalabert, *seconde édition.*

Une meschine i out amée
Arlet out nun, de burgeois née.
Meschine ert encore é pucele
Avenant li sembla é bele
Menée li fu à sun lit
Sun bon en fist, é sun délit.

Ces vers, en langue romane, se comprennent assez
pour ne pas exiger d'explication, excepté le mot *meschine*
qui signifie adolescente ou jeune fille, de même que *meschin* a la pareille signification au masculin.

A la suite de ce début, *Robert Wace* donne un détail
qui occupe encore seize vers, mais qui semble purement
imaginaire. Il raconte que prête d'entrer au lit nuptial,
Arleitte, en latin *Herleva*, déchira sa chemise de noces,
que *Beneois de Sainte-More*, dans l'autre récit, dit
être fort belle, qu'elle la fendit du haut en bas, et qu'elle
répondit au duc, qui en parut étonné, que c'étoit par
respect pour lui, ne voulant pas que le bâz touchât à son
visage. — Il ajoute que le duc lui sut gré de cette attention
recherchée.

Cette petite anecdote grivoise, qui semble être purement un conte imaginé par notre vieux poëte normand,
a été cependant plus citée qu'elle ne le mérite, et cela
d'après la Chronique de *Nagerel*, qui l'a répétée en prose
imprimée du 16e. siècle, pour l'avoir prise dans le poëme
inédit de *Robert Wace*, qui en est l'inventeur, et dont
les vers datent du 12e. — M. de *Bras* l'a répétée aussi
en 1588.

Quoiqu'il en soit de cette première nuit, il paroît
constant qu'elle donna la première existence au *duc
Guillaume*, ou plutôt *Guillaume-le-Conquérant*, si

l'on en croit notre vieil historien des antiquités de Caen et de la Neustrie, *M. de Bras de Bourgueville*, dans ses détails sur *Arleitte*, à la page 13 et 14.

La ville de *Falaise* vit donc naître dans son sein ce héros, ce conquérant remarquable en 1026 ou 1027. Mais nous ne pouvons découvrir si c'est après ou avant sa naissance que *Robert* s'y trouva tout-à-coup assiégé pas son frère le duc de Normandie, *Richard III*, qui, malgré ses préparatifs de défense, le força de capituler, et le renvoya dans sa ville d'Hyèmes. — Dans le courant de la même année, la mort de *Richard III* ayant laissé *Robert* complettement maître de tout le duché ; naturellement, Rouen, sa capitale, exigeoit sa présence ; mais il donna toujours quelques momens à la ville de *Falaise*, son séjour favori, et y fit élever son fils jusqu'à l'âge de six ou sept ans. — Vers 1033 ou 1034, s'étant décidé à faire un pélerinage à la terre sainte, il emmena l'enfant à Paris, et le laissa sous la garde du roi de France, *Henri I.er* — En 1035, les nouvelles de sa mort, à Nicée en Bithinie, au retour de Jérusalem, causèrent de grands troubles dans le duché, et sur la demande des principaux seigneurs, le Roi fut contraint d'envoyer à Rouen le jeune *duc Guillaume*, qui n'avoit encore que neuf ans. — Les troubles durèrent plusieurs années sous sa minorité, et le Roi de France lui-même, voyant à regret la puissance des Normands, ne laissa pas que d'y prendre une part active. S'étant fait céder Tillières par son pupille, il envahit à main armée le comté d'Hyèmes, et réduisit en cendres la ville d'Argentan.

Le comte d'Hyèmes étoit alors un ancien chambellan de *Robert*, nommé *Toustain*, que la chronique du chanoine *Nagerel* nomme improprement *Toutain* le *Goix*, par une mauvaise traduction de *Tursten Goz ;* car le mot danois Goz signifie le fils aîné. Ce *Toustain* étoit effectivement fils d'un seigneur danois nommé *Onffroi.* — Aux approches de l'armée royale, qui, suivant le dire des historiens, mettoit tout à feu et à sang, il s'enfuit promptement de sa ville d'Hyèmes, se réfugia dans celle de *Falaise* qui étoit fortifiée, et là, soutenu par une bonne garnison, il se tint sur la défensive. — Écoutons sur cela *Robert Wace*, qui écrivoit un siècle après :

Tosteins ki ert visquens de Oismeis
Vit que li Reis é li Franceis
La terre aloent purpernant
Pernant aveirs, viles ardant
Del duc cume fel s'en départit
Faleise que il gardoit, garnit
De France amena soldiers
E bons serjanz é bons archiers
Le châstel volt al duc tollir
Nel en deigna neient servir,

Peu de temps après s'établit entre lui et le Roi quelques négociations, dont les clauses étoient que le monarque lui restitueroit son comté d'Hyèmes, à condition qu'il livreroit en échange la ville de *Falaise.*

Cette nouvelle jeta l'alarme à Rouen, et surtout parmi le conseil de régence, qui ne vit pas sans effroi une combinaison qui ne tendoit à rien moins qu'à mettre dans la main du roi, *Henri I.*er, une forteresse aussi importante, placée précisément au centre de la Normandie. — On fit partir sur-le-champ le connétable *Raoul de Gacé* ou de *Vassi,* avec l'élite des troupes ; il emmena avec lui le jeune duc qui n'avoit que quatorze ans, et

dont la présence devant sa ville natale produisit un effet
favorable. On réunit les gens du pays d'Auge à ceux de
Cinglais, et le siége de *Falaise* fut formé vers l'année
1040. On battit en brêche le château avec les machines
de guerre alors en usage. Suivant la chronique, lorsque
Toustain vit un grand pan de mur abattu, il se rendit
à discrétion. Suivant *Robert Wace*, il trouva le secret
de s'enfuir. ⸺ Voici son récit :

> E li ducs surprisément
> Fist mander é venir sa gent
> Cels d'Auge, é cels de Cingueleïs
> Ki pres furent, vindrent de Maneis
> *Faleise* s'empres asailirent
> Un grant pan del mur abatirent.
>
>   *Tosteins* fu bien estutiez
> Del grand essaut fu esmaiez.
> É del mur qu'il vit abatu
> É del pueple kil à veu.
> Congié prist del chastel guerpir
> E triwes prist defors eissir.

Suivant l'Histoire de Normandie de *Gabriel Dumoulin*, aussi d'après le chroniqueur *Nagerel*, *Toustain*
fut disgrâcié; le jeune Duc confisqua ses biens, et en
donna une partie à sa mère *Arleitte*, en faveur de son
mariage avec *Herloin* de *Conteville*.

On peut juger par les deux siéges précédents, de quelle
importance étoit alors la place de *Falaise*, puisque le
séjour de *Robert*, et les fortifications dont il l'augmenta,
suffirent pour inquiéter son frère, qui vint l'en déloger;
et qu'en second lieu l'entreprise de *Toustain* donna de
telles inquiétudes à la Régence de Normandie, qu'elle

mit tout sur pied, même son jeune Prince, pour conserver cette place.

Le *Duc Guillaume* eut à se louer par la suite de de ne l'avoir pas perdue. Vers 1044, une conjuration ourdie par un de ses parens, *Gui* de *Bourgogne*, avec plusieurs Seigneurs Cotentinois, le mit à deux doigts de sa perte, et sans une espèce de fol de Bayeux nommé *Goles*, qui courut l'avertir, il auroit été massacré à Valognes, où il étoit allé. Mais aussitôt qu'il fut instruit, il se dépêcha de monter à cheval, déguisé, repassa les Véez Saint-Clément, pour se réfugier entre Bayeux et la mer, chez le seigneur de Ryes, sur la fidélité duquel il comptoit, et dont le nom étoit *Hubert*. Le même poëte raconte ainsi cet événement :

> Al tems que li soleil levoit
> Hubert de Rie ert à sa porte,
> Guilleame vit désatorné
> E son cheval alq's lassé
> « Comment errez, dit-il, bel sire »
> « Hubert, s'écria Guillaume, os le jéo dire. »

Ce qui signifie : Dois-je vous le dire.

> « Oil, reprit le Gentilhomme, seurement
> » Venez avant hardiment. »

Alors le jeune Duc lui confie sa situation critique :

> « Mi ennemi me vont quérant
> » Et à occire menaçant,
> » Ni à vers vous nule celée
> » Je sais qu'ils ont ma mort jurée. »

Aussitôt Hubert de Ryes le cache dans sa maison, sans perte de temps, lui donne son meilleur cheval, et le fait escorter par ses trois fils jusqu'à *Falaise*. Voici encore le récit de notre antique *Robert Wace* :

Hubert l'a en l'ostel mené
Sun boen cheval a demandé
Treis fiz qu'il out a apelez
« Bels fiz, dist-il, et tôt, montez
« C'est vostre Seignor, conduiez
» Tant qu'a *Faleise* mis l'aiez
» Par ci et par la passereiz
» Jamais en vile torneréiz. »
Les veies é les trestornées
Lor à Hubert bien enditées.
Il l'ont mult e tôt entendu
E bien son comant ont tenu
Tot le païs ont traversé
Folpendant ont passé à gué
Guilleame mistrent en *Faleise*.

Ce vieux détail qui porte près de sept cents années de date, sur un fait passé un siècle auparavant, nous offre toutes les marques de la vérité, et par conséquent est d'un grand intérêt pour les habitans de cette ville, et même de tout l'arrondissement. On y reconnoit la prudence de ce bon et fidèle seigneur de Ryes, qui, sachant que les conjurés s'étoient réunis à Bayeux, n'osa garder son jeune maître chez lui, et ne vit de sûreté pour sa personne que dans *Falaise*, qui étoit une ville fermée, dont l'attachement des habitans garantissoit un asile sûr au duc *Guillaume*. Effectivement, pendant le séjour qu'il y fit, il s'occupa de s'en faire un point d'appui sur lequel il pût compter dans les occasions critiques ; il en fit réparer et remettre à neuf toutes les fortifications, il y rassembla une garnison nombreuse, et lorsqu'il alla demander des secours au Roi de France contre les conjurés, il la laissa en garde à Messire *Jean Bellain* de *Blainville* ; c'est ce que nous dit la chronique, sans autre détail.

Ce fut peu de temps après que se passa la terrible bataille du Val-des-Dunes, en 1046, dans la plaine de Caen ; bataille qui renversa les conjurés, fit triompher *Guillaume*, et lui assura le duché.

De cette époque date aussi ce chemin haussé qu'il fit faire en mémoire de sa fugue ou retraite de Ryes, et dont parle M. de Bras de Bourgueville. Quelques parties en existent encore.

———————

Falaise, en outre une position avantageuse, devint alors, par tous ces travaux de défense, une ville de guerre extrêmement formidable, et remplit parfaitement les vues du Duc, ainsi que nous allons le voir.

Vers 1050, le roi de France, toujours *Henri Ier.*, ayant requis l'alliance de *Guillaume* contre un guerrier redoutable, le comte d'Anjou, *Geofroy Martel* ; *Guillaume* s'y prêta avec toute l'ardeur de la jeunesse, et bientôt on vit les armées Françaises et Normandes au milieu des possessions de ce Comte ; mais celui-ci sentant son infériorité, employa les ressorts de la politique auprès du Roi, et parvint à le détacher de la coalition, en faisant une paix séparée avec lui.

Guillaume fut très-déconcerté par cette trahison insigne, et se voyant sur les bras toutes les forces du comte d'Anjou, il prévit bientôt que le théâtre de la

guerre alloit être reporté jusqu'au sein de ses propres
états : il n'eut d'autre ressource que dans une prompte
retraite qui, quoique précipitée, fut faite avec le plus
d'ordre possible, et dont le terme fut la place de
Falaise. Geoffroy Martel n'ayant pas osé l'y suivre,
ni l'y attaquer, il eut le temps d'y rafraîchir et de
recruter son armée, ensuite de déjouer tous les plans
de ce dangereux adversaire, par la prise de Domfront,
et par celle d'Alençon.

Dans une autre circonstance, la même ville fut encore
un véritable rempart pour le *Duc Guillaume ;* l'éclat de
ses succès et de sa puissance lui ayant attiré des ennemis, parmi les principaux Seigneurs du Royaume.

Soit qu'on le redoutât, soit que ce fût l'effet de la
jalousie, il se forma contre lui une coalition immense,
dans laquelle entrèrent douze des grands Vassaux de la
couronne, indépendamment de l'infatigable comte d'Anjou, que l'on y vit figurer en tête. Des nuées de troupes
inondèrent la Normandie, vers 1060 ou 61 ; les vieux
historiens en font monter le nombre à près de cent mille
hommes. Le Duc, qui ne pouvoit tenir contre un pareil
débordement, n'eut rien de plus pressé que de se jeter
dans cette place, après avoir enlevé tous les vivres et four-
rages des environs, d'en fermer les portes, et de s'y
tenir sur un pied de défense respectable. — Cependant
quand ce torrent fut à-peu-près passé, il envoya quelques
détachemens escarmoucher l'ennemi en queue, à dessein
de l'inquiéter. — Toute cette immense armée, après avoir
ravagé la plaine de Caen, se porta vers Bayeux, et,
s'étant chargée de butin sur les rives de la Seule, elle
retraversa

retraversa Caen, pour passer la Dive au pont de Varaville, afin d'aller piller le pays d'Auge, et ensuite le
Roumois. — C'est alors que le *Duc Guillaume* mit en
jeu toutes les ruses de la guerre. — Instruit par ses
espions du passage à Varaville, il sortit de *Falaise*,
avec dix mille hommes, suivant *Nagerel*, avec quinze
ou vingt mille, suivant le *Vicomte de Toustain*, et se
porta toute la nuit vers la vallée de Bavent ; là, instruit que la moitié de l'armée ennemie avoit passé le
pont, il attaqua l'arrière-garde qu'il trouva encombrée
sur la chaussée qui y conduit, et la culbuta ; l'alerte
donnée à la queue fit engorger le pont, dont les vieilles
planches rompirent sous le poids. L'ennemi étant ainsi
séparé en deux, perdit la moitié de son monde ; tout ce
qui n'avoit pu passer la rivière fut tué ou pris, et la
victoire du *duc Guillaume* fut complette.

La description de cette bataille, par notre même
trouverre normand, est assez curieuse :

> Li Dus out sa gent à *Falaise*,
> Noveles ot dont mult li peize.
> Enprès la rote s'arota
> Od grant maisnies que il mena
> Par la vallée de Bavent
> Conduit sa gent seréement
> Par la contrée fist mander
> Et as vilains dire et crier
> Et od tels armes com il ont
> Viengent à lui com ainz porront.
> Lors veissiez hàster vilains
> Pels et maçues en lor mains.
>   Quant il entra en Garavile
> Sa gent enpres de vile en vile
> Franceis trova qui se tenoient
> Qui l'arrière-garde faisoient.

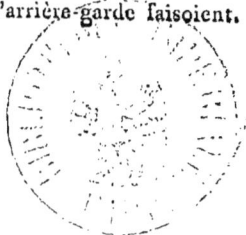

2

La, veissiez fiere assemblée
Maint colp de lance et d'espée,
De lances fierent chevaliers
É od les arcs traient archiers
É od les pels vilains lor donent
Mult en confundent é estonent
En la chaucie les enbatent
Mult en tuient et abatent
Mult en veissiez déroter
E trébucher et fors voler
Qui puis ne porent relever
Né en la drette veie entrer
Mult lor ennuie la chaucie
Qu'il trovent longe é empeirie.
Or il esteient encombré
De ço qu'il aveient robé.
É li Normanz tot tems cresseient
Qui à grant torbes acoreient.

Al pont passer fu grant la presse
É la gent d'aller mult en gresse
Viez fu li pont, grant fu li faiz
Planches trébuchent, chaïent aiz
La mer montoit, li flot fu granz
Sur li pont fu li faiz pesanz
Li pont trébucha é chaï
E quant qui out desus péri.

Mult veissiez herneis flotter
Homes plongiez e affondrer
Nul ne s'en pout vif escaper
S'il ne fu bien dou de noer.

Normant derriere les vont pergnant
Nil ne poent aler avant
Par les rivages vont tastant
Guez é passages quérant
Armes et robes vont jetant
Par les fossez vont trébuchant;

È li Normanz d'iloc les traient
Qui nez ésparnent, ne manaient,
Tuit cil qui furent arestés
Qui ne furent al pont passés
Furent retenu e lié
Ou ociz furent ou neié.

L'histoire ne fait plus mention de cette ville pendant
le reste de la vie et des triomphes de *Guillaume-le-Con-*
quérant. Mais les détails qui précèdent suffisent pour
faire connoître de quel secours elle lui fut contre ses
ennemis, jusqu'à sa conquête de l'Angleterre en 1066,
et combien elle contribua à affermir sa puissance. Nos
historiens ne nous en reparlent que sous son fils aîné
Robert Courte - Heuse. Ce prince, auquel *Guillaume*,
en mourant, avoit légué la Normandie, ne vit pas sans
peine que, pendant son absence, son troisième frère,
Henri, s'étoit emparé de la couronne d'Angleterre, à
la mort du second *William Rufus*, en français *Guillaume*
le Roux.

Robert avoit emmené la fleur de la noblesse et de la
jeunesse Normande à la croisade de *Godefroi de Bouillon*,
commandant la cavalerie des Croisés, tandis que *Tan-*
crède conduisoit leur avant-garde, il avoit contribué
puissamment au gain de la bataille d'Antioche, ainsi
qu'à la prise de Jérusalem en 1099. A son retour, qui
eut lieu, suivant *Ordéric Vital*, au mois de septembre
de l'an 1100, il fit une descente en Angleterre pour re-
demander le royaume à son frère ; mais celui-ci usa de
ruse, et obtint une sorte de capitulation ou de traité, par
lequel les choses restèrent comme elles étoient, sauf une
pension de 3,000 marcs pour *Robert*. — *Robert*, couvert

de gloire, et d'une valeur éclatante, étoit peu habile dans l'art de gouverner les peuples, et son indolence l'empêchoit peut-être d'apercevoir les trames perfides de *Henri* pour lui ravir la Normandie, lorsqu'en 1105, celui-ci débarque à Barfleur, enlève Carentan, prend Bayeux d'assaut et le brûle. (*) *Robert*, qui s'étoit d'abord porté à Caen, fut bientôt instruit que le roi d'Angleterre, son frère, avoit des intelligences et des partisans dans la ville. Forcé d'en sortir, ses équipages furent pillés aux portes, et sa seule ressource fut de se réfugier dans *Falaise*, cette ville dont les habitans avoient toujours montré tant de fidélité à son père. *Henri* l'y envoya bientôt assiéger par le comte du Maine, *Hélie*, aussitôt que Caen lui eut ouvert ses portes; mais la place fit une vigoureuse défense, et opposa une barrière insurmontable à l'ambition de ce roi d'Angleterre. Après un siége qui se prolongea jusqu'à l'hiver, après plusieurs assauts, dans l'un desquels périt le *comte de Glocester*, les Anglais furent contraints de renoncer à l'entreprise et de se retirer, fatigués par la résistance qu'ils éprouvèrent et par la rigueur de la saison, ainsi que leur chef le comte du Maine. — Voici le texte latin tiré d'*Ordéric Vital* :

« *Deindè Rex Falesiam perrexit, sed eam non ex-*
» *pugnavit, quia comes Helias à Normannis conatus*
» *recessit, illic tamen exercitium militare peractum est,*
» *in quo Rogerus de Gloucestra strenuus miles occisus*
» *est.* » — Ord. Vital, p. 818.

(*) *Robert Wace* dit que l'église de l'évêché fut aussi incendiée ; c'étoit cette cathédrale bâtie par le célèbre évêque *Odon*, frère de *Guillaume-le-Conquérant*.

Le même historien raconte un événement assez singulier qui se passa lors de la levée de ce siége : Un certain abbé de Saint-Pierre sur Dives, auquel *Robert* avoit donné cette abbaye, moyennant une taxe de 140 marcs d'argent, venoit d'y faire bâtir un fort. Il alla trouver le Duc à *Falaise*, et lui promit de faire tomber *Henri* entre ses mains, s'il vouloit envoyer chez lui quelques troupes sûres. L'affaire étant préparée, il se rendit à Caen auprès du roi d'Angleterre, et lui offrit de lui livrer son fort de Saint-Pierre sur Dives, s'il vouloit y venir avec lui. *Henri*, espérant avoir par ce moyen *Falaise* qui le repoussoit, accepta la proposition et marcha toute la nuit avec sept cents hommes qu'il eut la précaution de mener avec lui. Arrivé devant le fort, à la pointe du jour, il fut très-surpris d'y trouver installées quelques troupes de *Robert*, commandées par *Guillaume de Varennes* et par le jeune *Robert d'Estouteville.* Bientôt s'établirent de part et d'autres des vociférations, partie injures, partie moquerie. Mais *Henri*, s'apercevant qu'il n'y avoit dans le fort que 140 hommes, y fit mettre le feu et donna un assaut dans lequel il fit prisonniers les deux chefs. Sur cette nouvelle, une multitude de gendarmes sortirent de *Falaise*, ainsi qu'une partie de la garnison, à dessein d'engager une bataille rangée avec le roi d'Angleterre. Mais il étoit trop tard, il avoit déjà disparu et fait sa retraite. Ce fut peu de temps après qu'il se rembarqua pour son royaume, et qu'il laissa le repos à *Robert* encore pendant un hiver.

L'historien duquel ceci est tiré, se répand en invectives contre l'abbé de Saint-Pierre sur Dives, et l'appelle *face de loup*, tandis que *Gabriel du Moulin* l'appelle *âme de renard*. A la vérité, celui-ci n'est que traducteur,

mais on sait qu'*Ordéric Vital*, qui est l'écrivain pri-
mitif, et qui fut pendant plus de soixante ans moine de
l'abbaye de St.-Evroult, étoit Anglais d'origine, ce qui
même lui fit jouer un rôle important dans les événemens
qui suivent. On peut voir plusieurs détails sur sa vie,
dans la *Nouvelle Histoire de Normandie*.

Nous voici à l'année 1106, année fatale, où la Normandie se vit en proie aux fureurs de ses princes. Deux
frères, dont l'un pour arracher cette province à l'autre,
employa tous les moyens de force et de ruse, et vint
établir le théâtre de la guerre non loin de nos contrées.
— Notre antique trouverre *Robert Wace*, attaché au
roi Henri II, comme poëte et comme son clerc de
chapelle, se refuse à raconter les détails de cette guerre
horrible et révoltante entre deux princes nés du même
père et de la même mère.

> Grant fu la guerre e grant fut l'ire
> Mais tout ne puis conter ne dire
> Del Rei Henry et de son frere
> D'un pere nez et d'une mere.

Ordéric Vital est le seul qui s'étende sur ces funestes
événemens, et l'on doit lui accorder d'autant plus de
croyance, qu'il fut témoin oculaire. — Il dit que *Henri*
revint d'Angleterre avec une armée formidable, et qu'il
commença la campagne de bonne heure par le siége de
Tinchebray. On s'aperçoit aisément que ce prince am-
bitieux, redoutant la place de *Falaise*, ne voulut pas
risquer d'y éprouver un second échec, et qu'il employa
les manœuvres obliques pour finir par s'en rendre maître,

Guillaume, comte de Mortain, son neveu et aussi celui de *Robert*, accourut au secours de Tinchebray qui lui appartenoit. *Henri*, forcé de lâcher prise pour quelques momens, bâtit auprès un fort, dont, suivant l'historien, il donna la garde à un de ses chefs, *Thomas de Saint-Jean*. Pendant ce temps, le comte de Mortain augmenta la garnison, fit entrer des vivres, et notamment toute la récolte des environs qu'il fit couper en vert. C'est alors que le roi d'Angleterre reprit le siége en règle. — Le comte, se voyant attaquer avec fureur, est obligé d'employer les secours de son autre oncle le *Duc Robert*, du *comte de Bellême*, de *Robert d'Estouteville* et de *Guillaume de Ferrières*, qui entreprennent courageusement sa défense. Le duc, dont l'intrépidité dans les combats ne s'étoit jamais démentie, sort de *Falaise* avec une armée formidable, mais moins nombreuse que celle de Henri. Le comte de Mortain s'y réunit, et les deux frères sont bientôt en présence. — Toute la Normandie frémit de cette guerre atroce et dénaturée ; des conciliateurs se mettent en route ; de pieux cénobites, ayant à leur tête notre historien lui-même, *Ordéric Vital*, quittent leur monastère pour se jeter à la traverse, et s'opposer à ce qu'ils en viennent aux mains. — *Ordéric* raconte que, voulant remplir ses fonctions de ministre de paix, il eut le courage de les interdire, espérant les empêcher de combattre et pour qu'on ne vît pas se renouveller les horribles forfaits des enfans d'OEdipe. — Voici son récit :

« *Vitalis autem heremita, qui tunc inter venerabiles*
» *personas erat præcipuus, audacter interdixit, ne*
» *certarent cominus : ne viderentur imitari detestabile*
» *omnibus seculis OEdipodarum facinus, meritoque*
» *subirent Etheoclis et Polinicis nefarios et horribiles*
» *eventus.* » — Ord. Vital, page 820.

Henri, toujours rusé, parut prêter l'oreille aux conciliateurs et proposa la paix à son frère, aux conditions qu'il lui céderoit la moitié de la Normandie ; il alla même jusqu'à promettre une rente annuelle en échange de cette moitié. ▬ Aussitôt *Robert* tint conseil avec ses principaux partisans ; mais la proposition fut trouvée honteuse et inacceptable, et la bataille de Tinchebray fut décidée. *Henri* avoit à ses ordres au moins le double en troupes et en seigneurs normands, qu'il avoit gagnés ou rangés de son parti. ▬ *Robert* comptoit sur le courage des siens et sur sa propre valeur pour suppléer au nombre, tellement qu'au commencement de l'action, il eut long-temps l'avantage ; mais la division du comte de Bellême, qui étoit son plus fort appui, ayant pris la fuite au milieu du combat, soit qu'elle reculât devant l'attaque du comte du Maine, soit que le comte de Bellême y eût mis de la trahison, tout le reste se trouva enveloppé, au nombre de près de dix mille hommes, dont quatre cents chevaliers ou barons normands.

Le *comte de Mortain* et *Guillaume de Ferrières* furent pris par les Bretons, et le duc lui-même fut fait prisonnier par un nommé *Baldric*, chapelain du victorieux *Henri*, et qui, en récompense, eut un évêché en Angleterre.

Ainsi se termina la journée du 27 Septembre 1106, journée fatale à l'infortuné duc *Robert Courte-Heuze*, et à son neveu le comte de Mortain. Le peu qu'en dit *Robert* W*ace*, suffit pour prouver qu'il croyoit que *Robert* avoit été trahi.

Fu pris li Dus, pris fu li *Quens*   le Comte
Nul ne fu rescos par les siens
Plusors qui de lor fief tencieut
E qui od els estre deveient
Lor Seignor à besoig guerpirent.

Henri triomphant, et maître de la personne du Duc
de Normandie, ne perdit pas de vue le projet de s'emparer de la place de *Falaise*, et comme il s'occupoit
des moyens d'y parvenir, *Robert*, au milieu de son
infortune, eut la bonhomie de lui dire que la ville
ne se rendroit pas ; que. les habitans lui étoient atta-
chés, qu'il étoit sûr de leur fidélité, et qu'ils lui
avoient juré avant son départ, de ne remettre les clefs
et les munitions à aucun autre qu'à lui *Robert*, ou à son
fidèle *Guillaume* de Ferrières. — Henri s'empressa donc
d'y envoyer *Guillaume* de Ferrières, devenu son prisonnier, et qui, chargé de la négociation et muni d'un
ordre du Duc, décida les habitans à se soumettre au
vainqueur. — Mais ce ne fut sans doute qu'avec douleur
qu'ils se virent enlever bientôt après, non seulement
leur Duc, mais aussi son seul enfant, *Guillaume Cliton*,
qui depuis sa naissance étoit élevé dans cette ville.

L'historien anglois *Hume* fait rétentir fort haut ce
triste événement, page 324, 1er. vol.

« This victory was followed by the final réduction of
» Normandy : Falaise, after some negotiation, opened
» its gates; and by this acquisition, besides rendering
» himself master of an important fortress, *Henri* got
» into his hands prince William, the only son of
» *Robert* : Rouen immediately submitted to the con-
» queror. »

(TRADUCTION LITTÉRALE.) *Cette victoire fut suivie
de la réduction totale de la Normandie : Falaise,
après quelque négociation, ouvrit ses portes ; et par
cette acquisition, en outre de ce qu'il se rendoit maître
d'une importante forteresse, Henri eut entre ses mains
le prince Guillaume, le seul fils de Robert : Rouen
immédiatement se soumit au conquérant.*

Ce Prince, auquel réussirent les chances de cette funeste guerre, étoit le troisième fils de *Guillaume le Conquérant*, et fut le Henri Ier. d'Angleterre; différents historiens lui ont donné le surnom de *Beauclerc*, qui nous sembleroit mieux convenir à son petit fils *Henri II.* *Ordéric* cite encore cette ville à l'occasion de ce monarque, il dit qu'à l'article de la mort, en 1135, il donna à son fils *Robert*, 60 mille livres à prendre sur son trésor, qui étoit gardé à *Falaise*, pour les distribuer à d'anciens serviteurs. — Ce *Robert* étoit un fils naturel qu'il avoit eu à Caen, c'est pourquoi les historiens normands le nomment Robertus de Cadomo, *Robert de Caen*; tandis que les écrivains anglois le nomment *Robert de Glocester.* Quoiqu'il en soit, il rendit d'importants services à sa sœur *Matilde*, et fut Seigneur de Creuilli et de Thorigni. — Il existe quelques variations dans les détails de la mort de ce *Henri I*^{er}., quoique tous les écrivains soient d'accord sur le lieu où il expira, sa maison de chasse dans la forêt de Lions, près les Andelys; mais la chronique de *Nagerel*, et à son imitation *Gabriel Dumoulin*, le font mourir d'une indigestion de lamproie, au retour de la chasse; tandis qu'*Ordéric* raconte qu'il tomba malade la veille, et qu'ayant succombé le cinquième jour, son corps fut ensuite porté à Rouen, escorté par vingt mille hommes; qu'après avoir été embaumé, il fut transporté par Pontaudemer au château de Bonneville, et delà à Caen, où il resta un mois dans le chœur de l'église de St.-Etienne; qu'après les fêtes de Noël, le vent étant devenu favorable, il fut embarqué pour l'Angleterre, et conduit à l'abbaye de Radinges, lieu de sa sépulture.

Quatre ans après la mort de ce prince, *Falaise* fut
encore un grand objet de cupidité pour un jeune et
fameux comte d'Anjou. Voici comment : Henri Ier.
n'avoit laissé qu'une fille qu'il avoit d'abord mariée à
l'empereur d'Allemagne *Henri V*. Devenue veuve de cet
empereur, qui mourut à Spire en 1125, il l'avoit
remariée en secondes noces à un puissant Seigneur
français, *Geoffroy Plantagenét* comte d'Anjou, l'année
1129. Cependant, malgré cette nouvelle union, elle
conserva toujours son nom et son titre d'*Impératrice
Matilde*, auquel elle étoit attachée, et auquel elle donna
une grande célébrité. Son père l'avoit, de son vivant,
fait reconnoître pour héritière du trône, par ses sujets
Anglais et Normands ; mais à sa mort, le comte de
Boulogne, à titre de neveu, s'empara de la couronne,
et régna au détriment de *Matilde*, sous le nom d'*Etienne*,
en anglais *Stephen*. Le règne de celui-ci n'eut pas une
longue durée, et fut sans cesse agité par les entreprises
et les efforts de l'impératrice, pour ravoir le trône
d'Angleterre qui lui appartenoit. Secondée par son
mari, qui se concilioit un parti en Normandie, tandis
qu'elle en fomentoit un pareil en Angleterre, sous la
protection du roi d'Ecosse *David*, (*) son oncle. Elle

_____

(*) Ce *David* étoit fils du roi d'Écosse *Malcom*, tué en 1093
par *Robert* de *Montbray*, conduisant un parti de Normands. Sa
sœur avoit épousé *Henri* 1er., et de ce mariage sortit l'impératrice
Matilde, qui fut souvent célébrée et encensée par les poëtes de
son fils *Henri II*.
Mais il existoit une autre parenté entr'eux par la descendance
d'*Arleitte* de *Falaise*. Voici la filiation des deux branches :
Arleitte, 1. — *Guillaume-le-Conquérant*, 2. — *Henri I.er*, 3.
— L'impératrice *Matilde*, en langage roman, *Maheut*, 4. —

passoit souvent de l'une de ces contrées dans l'autre, favorisée par Robert de Caen, son frère naturel.

Le comte d'Anjou ne tarda pas à considérer la place de *Falaise* comme un point très-important pour s'assurer le Duché, il essaya de tous les moyens de s'en emparer, et même il fit plusieurs tentatives dans lesquelles il ne put réussir par la force. — Au mois de Septembre 1139, il en forma le siége, toutes fois avec peu d'ordre, car ses troupes pillèrent sans relâche les églises et les villages des environs. — *Richard* de *Lucey* commandoit dans la place, et pendant dix-huit jours d'attaque rendit inutiles les différents assauts et stratagêmes des assaillants. — Par suite de désordre, une terreur panique se répandit la nuit dans leur camp, à tel point qu'ils l'abandonnèrent pour s'en aller à la débandade. — Le lendemain matin les habitans de *Falaise* sortirent de la ville avec la garnison, et s'emparèrent de leurs tentes, bagages et chariots chargés de vin et de vivres, avec lesquels ils se réjouirent grandement et burent à leurs dépens.

Plantagenêt, piqué de cette avanture, revint cependant se montrer au bout de dix jours, mais sans oser attaquer; il se borna à faire faire quelques cavalcades autour de la ville, et partit de-là pour aller soumettre le pays d'Auge, et ensuite la ville de Touques. — N'ayant pu se rendre maître du château de Bonneville, il eut par

---

Arleitte, 1. — *Muriel*, comtesse d'Albemarle, 2. — *Judith*, comtesse de Huntington et Northampton, épouse de *Waltheof*, décapité, 3. — Une fille qui épousa *David*, roi d'Écosse, 4. — Ainsi, la reine d'Écosse et *Matilde* descendoient au quatrième dégré d'*Arleitte,* qui étoit leur bisayeule.

composition celui de Pontécheufrey sur la Charentonne.
Mais toujours *Falaise* étoit l'objet de son ambition,
parce que la réduction de la basse Normandie en dé-
pendoit. Il y revint une troisième fois, espérant tirer
meilleur parti du nouveau commandant ou gouverneur,
Robert Marmion, qui étoit un Seigneur des environs;
mais celui-ci opposa une défense vigoureuse, et usa
d'une surveillance très-active.

Pour s'en venger, le comte d'Anjou alla lui abattre
son château, à Fontenay-le-Marmion, et le fit détruire
entièrement, tant par ses troupes que par ses machines
de siéges.

Pendant ce temps, les partisans de l'*Impératrice Matilde* se multiplièrent considérablement en Angleterre,
et influèrent beaucoup sur ceux de la Normandie. Déjà
l'Evêque de Lisieux et le comte de Meulan avoient
reconnu son mari pour souverain; toute la noblesse du
Rouennois avoit imité leur exemple, et enfin *Robert
Marmion* à la tête des Falaisiens, qui lui avoient
opposé une si vigoureuse résistance, apportèrent au
comte d'Anjou les clefs de la ville et du château, et
lui offrirent les vœux du peuple. Ce fut là, suivant le
dire de *Gabriel Dumoulin*, le commencement de la
grandeur de *Plantagenét*.

Soixante ans après, cette ville fut encore remarquable
lorsqu'elle parut aux yeux de *Philippe-Auguste* digne
d'un siége dans toutes les règles. Nous laissons ici parler
M. le *vicomte de Toustain*, dont l'Ouvrage intéressant,
l'*Essai sur la Normandie*, mérite d'être cité :

« Outre la main de la princesse de France et les inves-

» titures dont nous avons parlé, le jeune *Artur*, duc
» de Bretagne, reçut de *Philippe-Auguste* un renfort
» de deux cents hommes d'armes avec une grosse somme
» d'argent. Fier de cet avantage, il eut l'imprudence de
» tenter la conquête du Poitou, sans attendre les troupes
» de Bretagne, de Bourgogne et de Berry, prêtes à
» marcher pour le joindre. Apprenant que son aïeule,
» *Éléonore de Guyenne*, s'étoit réfugiée dans le fort
» de Mirebeau, il y alla mettre le siége, et, l'ardeur
» suppléant au petit nombre, il s'en rendit maitre d'as-
» saut. La reine douairière n'eut que le temps de se
» sauver dans une tour, d'où elle fit savoir sa position
» critique au roi *Jean*. (*Jean Sans-Terre*, son fils,
» roi d'Angleterre et duc de Normandie.) Celui-ci,
» réveillé de sa paresse léthargique, vole à son secours
» avec ses Normands et ses Brabançons ; il entoure la
» foible armée de son neveu avant même qu'il fût in-
» formé de son approche. — Quoiqu'il en soit des détails
» de l'événement, toujours est-il certain qu' *Artur* fut
» pris avec les principaux seigneurs qui l'accompagnoient.
» *Jean*, poursuivant ses avantages et tenant la campagne
» avec des troupes nombreuses, s'empara de Tours et
» manqua Poitiers. *Philippe*, de son côté, reprit Tours
» et échoua devant Arques.

   » Sur ces entrefaites, *Artur* fut conduit à *Falaise*,
» où son oncle lui fit de grandes promesses s'il vouloit
» renoncer à toute espèce de liaisons avec la France.
» *Artur*, opposant la fermeté bretonne à la séduction et
» aux rigueurs de l'infortune, répondit au roi : — *Com-*
» *ment! ne rougissez-vous pas de me faire ces offres*
» *indignes? Usurpateur de ma couronne, vous ajoutez*
» *l'insulte à l'injustice! Je vous somme, au nom du*

» *Ciel, de me rendre tous les états qui me reviennent*
» *de la succession de mon oncle Richard* (Richard
» Cœur-de-Lion), *sinon je vous jure que de mon vivant*
» *vous ne goûterez jamais de repos.*

(Les droits d'*Artur* étoient incontestables comme fils
de *Geffroy*, un des frères aînés de *Jean Sans-Terre.*)

» Cette réponse, plus fière que mesurée, mit *Jean*
» dans une telle fureur, qu'il voulut d'abord faire tuer
» son neveu par ses gardes ; mais ceux-ci refusèrent de
» se prêter à cet affreux ministère, et *Guillaume* de
» *Bray*, leur capitaine, aima mieux perdre sa place
» que de s'en charger. *Hubert* de *Burgh*, gouverneur
» du château, accepta la commission pour ne la point
» exécuter, et se conduisit envers le *duc Artur* comme
» le fit depuis *Bavalan* envers le *connetable* de *Clisson.*

» L'implacable *Jean* étoit homme à tremper lui-même
» ses mains dans le sang du jeune prince, s'il n'eût
» considéré que la reine, sa mère, lui reprocheroit éter-
» nellement le meurtre de son petit-fils. Cette considé-
» ration le détermina promptement à envoyer le jeune
» prince à Rouen, où il le fit enfermer dans une tour.
» *Éléonore* lui adoucit quelque temps les rigueurs de la
» captivité ; mais cette princesse, très-avancée en âge,
» étant venue à mourir, il essuya de nouveau les trai-
» temens les plus rudes. Son oncle y joignit les plus
» terribles menaces, s'il ne faisoit une renonciation
» entière, non-seulement au royaume d'Angleterre,
» mais à toutes les possessions continentales de *Richard*
» *Cœur-de-Lion.* Cette lâche et cruelle manière de
» négocier avec un neveu captif et dépouillé, ne fit
» qu'irriter son courage et son inflexibilité. Le courroux
» du tyran se ralluma dans le même temps, au point

» qu'il poignarda de sa main l'infortuné **Prince**, et **fit**
» jeter son corps dans la Seine, en répandant le bruit
» que, voulant se sauver de la tour, il étoit tombé
» d'une fenêtre qui donnoit sur la rivière.

» L'attentat commis sur la personne d'*Artur*, excita
» l'indignation générale contre le roi d'Angleterre, et
» acheva de lui aliéner tous les cœurs. Les états de
» Bretagne, assemblés à Vannes, députèrent vers
» *Philippe-Auguste*, *Pierre* de *Dinan*, Evêque de
» Rennes, et *Richard Marescal*, gentilhomme, pour
» lui demander vengeance de ce parricide. Il n'y eut
» point alors de député du Tiers-Etat, parce que cet
» ordre ne siégea pour la première fois que plus d'un
» siècle après, en 1309, à l'imitation de ce que *Phi-*
» *lippe-le-Bel* venoit de faire en France, pour les Etats
» généraux.

» Les lois de la suzeraineté, dit l'*abbé* V*ely*, furent
» signalées ici par un exemple mémorable de justice.
» *Philippe-Auguste*, comme suzerain du Prince mort,
» et du Prince accusé, fit citer le dernier, par des
» sergens d'armes, à comparoître devant la cour des
» Pairs. *Jean* ne comparut, ni en personne, ni par
» procureurs ; alors les Pairs le déclarèrent atteint et
» convaincu du meurtre de son neveu ; le condamnèrent
» à mort, et déclarèrent acquises et confisquées au profit
» de son suzerain, ses possessions situées dans le
» Royaume. »

— *Philippe-Auguste* profita d'un tournois à Moret,
près de Paris, où s'étoit rendue une foule de noblesse,
pour l'appeler a lui. Aussitôt que son armée fut ras-
semblée, il commença la conquête de la Normandie par
la prise d'Alençon.

Bientôt

— Bientôt il se porta devant *Falaise*, et y déploya des étendards innombrables. *Hunc Rex innumeris circumdedit undique signis.* (*) — Sept jours furent employés en préparatifs d'attaque, et en approche des machines de siége. Mais les capitaines et bourgeois se soucièrent peu de soutenir la cause de l'infâme *Jean Sans-Terre*, et remirent la place par composition. C'étoit en 1203. Sans doute ils auroient pu faire une belle défense, comme les précédentes, mais *Philippe-Auguste* étoit un Roi français.

———————

— Il n'en fut pas de même, deux cents ans plus tard, à l'égard d'un prince étranger, le roi d'Angleterre, *Henri V*. Ce prince, dont nos théâtres ont esquissé la jeunesse, et qui se fit remarquer par des faits guerriers, débarqua en 1417 entre Honfleur et Touques le 16 d'Août. Devenu maître du pays, il marcha sur Caen et s'en empara ; voulant soumettre l'intérieur, il s'avança vers *Falaise*. Mais y trouvant une forte garnison, il fila vers *Argentan* et *Alençon*, qu'il eut en huit jours. Revenu sur ses pas, il entreprit le siége de *Falaise*, le 4 Novembre ; et là, dit la chronique normande, *il fit asseoir bombardes*, ce qui prouve que c'est la première fois que cette ville ait été attaquée avec de l'artillerie. Malgré ces foudres nouvellement inventées, ce roi d'Angleterre éprouva une longue et forte résistance ; la place tint plus de deux mois, et le château trois mois et onze jours. *Convint que ceux de la ville se rendissent par composition le 15e. jour de janvier. Mais ceux du chásteau ne se rendirent pas sitost, ear ils tindrent un moys après.*

————————————————

(*) Voyez la belle description latine, qu'en donne le Poëte de ce Monarque, *Guillaume Lebreton.*

3

La Normandie, dont la prise de *Falaise* assura la conquête, ne fut pas la seule province qui gémit sous le joug de ce Prince audacieux, ses succès furent tels, qu'il prétendit à la couronne de France. Mais sa mort, en 1422, fit naître les brillans exploits de *Charles VII.* On connoit l'histoire de cette fille inspirée du ciel, de cette merveilleuse *Jeanne d'Arc*, qui fit couronner son Roi dans Orléans, et qui lui valut ensuite la reprise de la Normandie, en 1450; *Falaise* ne pouvoit manquer de figurer dans cette remarquable expédition, comme il avoit figuré dans la précédente; avec cette différence, cependant, que ce fut au début de la campagne de *Henri V*, tandis que dans celle-ci, il ne fut attaqué que vers la fin. *Charles VII* s'avança donc vers cette ville, précédé de ses troupes, de ses généraux, et du célèbre *comte de Dunois*, que, suivant les expressions de notre chronique, *le Roi avoit nommé Lieutenant-Général de sa guerre.* Le siége ayant été commencé le 5 juillet, la garnison Anglaise, composée de 1,500 hommes, fit une sortie vigoureuse, et fut vivement repoussée. *Ceux de la place*, dit-elle encore, *yssirent dehors, et assaillirent très-âprement, mais ils furent reboutés jusqu'aux portes.* Le 8, le Roi se porta de Caen à St.-Silvain, le 9 à St.-André en *Gouffern*, et le 11 les commandans anglois firent demander au *comte de Dunois* une trève, qui fut accordée aux conditions que, s'ils n'étoient secourus sous dix jours, ils rendroient la place le 21, ce qui fut ratifié.

Dans ce traité on stipula un article particulier pour l'élargissement du général anglois *Talbot*, qui, quoique gouverneur de *Falaise*, n'étoit point dans la place, mais que le Roi avoit fait prisonnier au siége de Rouen, et

qu'il avoit envoyé au château de Dreux. Les habitans
se félicitèrent d'en être quitte pour un siége de six jours,
et se trouvèrent heureux de rentrer sous la puissance
d'un Roi de France.

— En 1466, elle ouvrit ses portes à *Louis XI*, qui,
fâché du traité de Conflans, par lequel étoit donnée,
pour appanage, la Normandie, à son frère *Charles de
France*, reprit cette province à main armée. —

Livrée au parti de la ligue, en 1562, elle fut forcée
de se soumettre à un des chefs des calvinistes, qui paroît
être l'amiral d'*Annebault*, quoique *Masseville*, qui
raconte ce fait, ne donne pas le nom de cet Amiral.

Revenue aux ligueurs, elle ne pouvoit être un objet
indifférent dans un moment de parti ; et *Montgommery*,
débarqué d'Angleterre depuis peu, trouva le moyen de
la prendre par surprise, en 1568. Forcé d'en partir,
pour aller secourir les protestans de la Rochelle, il y
revint en 1574, et la remit de nouveau sous le joug
des calvinistes.

Mais la même année, *Jacques* de *Matignon*, à la tête
de six mille hommes, la remit dans la main du Roi,
qui étoit alors *Charles IX*.

En 1589, les ligueurs de Normandie ayant décidé-
ment voulu se faire de *Falaise* un point d'appui, le
Duc de *Montpensier*, commandant à Caen pour le roi
Henri III, voulut essayer d'enlever la place, avec un
corps de quatre à cinq mille hommes, nouvellement ras-
semblés. Pendant ce temps, le *comte* de *Brissac*, qui en
étoit gouverneur pour le *duc* de *Mayenne*, ne se trouvant

pas en force ; alla dans le pays d'auge, ramasser des bandes de paysans, qui s'étoient soulevés sous le nom de *Gautiers*. Le Duc leva le siége, et marcha à leur rencontre, il les battit complettement ; mais *Brissac* ayant trouvé le secret de se jeter dans la ville avec une partie de son monde ; la garnison se trouva renforcée. Alors le Duc prévoyant que ce siége deviendroit long et embarrassant, y renonça, pour se mettre à la poursuite des *Gautiers*. — Leur nom venoit de la chapelle Gautier, premier rendez-vous de l'insurrection.

⚜⚜⚜⚜⚜⚜⚜⚜

Après tant de faits guerriers, tant d'attaques et d'assauts différents, dont cette ville eut à se défendre, non-seulement au temps antique des flêches et de la lance, mais encore depuis l'invention moderne de la poudre et de nos nouvelles armes ; après tant de crises honorables, sa renommée n'eut sans doute pas été complette, si cette longue liste de siéges n'avoit été terminée par le plus mémorable de tous, le dixième. Ne semble-t-il pas que la destinée ait placé ce siége le dernier, comme le bouquet le plus éclatant dans les feux d'artifices, se trouve réservé pour la fin.

Un Prince réclamant ses droits les armes à la main, un Prince, qui depuis fut l'idole des Français, le meilleur de nos Rois, vint se présenter sous les murs de *Falaise*, annonçant le désir d'en faire sa conquête et de s'en attacher les habitans. — N'a-t-on pas déjà deviné ce brave *Prince de Navarre*, l'illustre *Béarnais*, déployant toute sa vaillance aux yeux de nos pères, et leur montrant ce panache éclatant de blancheur, que la bataille d'Ivry rendit si mémorable le 14 Mars suivant,

Le fait historique se passa au commencement de Janvier 1590. Depuis la mort récente de *Henri III.* — *Henri IV,* vainqueur à Arques, n'avoit pu prendre Paris, qui fut garanti par la marche rapide de *Mayenne,* arrivé le premier à Pont-St.-Maxence ; alors il avoit entrepris de s'assurer de la Normandie, où le nombre de ses partisans s'étoit grossi considérablement. *Mes troupes sont crues, de bien six cents gentilshommes,* écrivoit-il ce même mois, *et deux mille hommes de pied, de façon que, par la grâce de Dieu, je ne crains rien de la ligue.*

Après avoir inutilement sommé la place de se rendre, le Roi, pendant la nuit du 5, fit canonner le château d'une si grande force, que la brèche fut bientôt praticable. Aussitôt il ordonna l'assaut et enleva ce château (*), où il fit prisonnier le gouverneur avec un des plus beaux régimens de la ligue. Ce fut deux jours après que *Henri IV* écrivit cette lettre remarquable et joyeuse, datée de notre ville le 8. *J'ai pris les villes de Séez, Argentan et Falaise, où j'ai attrapé Brissac.* — 29ᵉ. Lettre.

Ce siége est encore remarquable par la fin tragique d'un jeune homme et de sa maîtresse, ou plutôt sa prétendue, qui, persuadés que le Roi, qui n'avoit point

---

(*) C'est ce même château remarquable par la description suivante, traduite de l'antique.

« Près d'une ville bâtie au 9e. siècle par les hommes du Nord,
» s'élève, sur d'immenses rochers, un vieux donjon, jadis la
» forteresse et la demeure des Ducs de Normandie. Une vaste
» enceinte, garnie de bastions arrondis, sert d'entourage à
» cet antique séjour, dont l'origine incertaine remonte à près
» de mille ans, et dont les hautes murailles, souvent témoins
» de faits guerriers, le furent aussi des amours du duc *Robert*
» et de la naissance de *Guillaume-le-Conquérant.* »

encore abjuré le calvinisme , vouloit détruire la religion
catholique dans la ville , combattirent à outrance et
jusqu'à la mort. (*).

La sommation faite au comte de *Brissac* de rendre
la place , est ainsi rapportée par l'historien de *Thou* :

Jussus deditionem facere Brissacus , religione se pro-
hiberi respondit ; sumpto quippé dominici corporis sa-
cramento , fidem suis obligasse de deditione se prorsùs
non acturum. Addiditque se post semestre ampliùs res-
ponsurum. Quo responso accepto , rex iratus retulit ,
menses ad totidem dies se contracturum , intra quos
illum , sed magno suo cùm damno , religione soluturus
esset.

Il est à regretter que *Sulli* n'ait pas accompagné le
Roi pendant cette campagne , ni dans le second voyage
en Normandie en 1603. — Nous aurions certainement
dans ses mémoires bien des détails précieux qui nous
manquent.

———

Ici se termine le rôle important que joue cette ville
dans l'histoire de Normandie, comme ville de guerre ;
rôle qui la rendit célèbre pendant un laps de près de six
cents années. Au milieu de ces différentes secousses ,
au milieu de scènes meurtrières si multipliées, il est
facile de reconnoître le dévouement et l'attachement de
ses habitans pour leurs Souverains légitimes. — Aucuns
sujets des Rois de France ne présentent peut-être plus

———

(*) Voyez ce détail dans la *nouvelle Histoire de Normandie*,
page 414, et aussi dans les Antiquités de *Falaise*, par M. l'abbé
LANGEVIN.

qu'eux l'emblême de la fidélité ; toutes ces époques le démontrent, et si *Henri IV* éprouva quelque résistance pour entrer du château dans la ville, ce fut motif de religion.

Ne semble-t-il pas extraordinaire, et même extravagant que, dans ces derniers temps, un petit spectacle de Paris se soit emparé de son nom comme d'un domaine à lui appartenant, pour en faire un sujet badin. Sans doute rien n'est moins comique et ne prête moins au badinage qu'une ville de guerre ; que son enceinte soit bordée comme celle-ci de tourelles ou de bastions arrondis à la manière antique, ou qu'elle soit garnie de bastions triangulaires avec demi-lune, tenailles, tenaillons et autres ouvrages, à la manière de *Vauban* ; certes, on y reconnoîtra plutôt un théâtre destiné à la scène tragique, qu'à des objets risibles.

Cette anecdote burlesque date d'un trentaine d'années, et ce fut peu de temps après que l'on cessa de rire en France, pour se livrer aux fureurs d'une révolution. ⸺ Triste souvenir pour ceux qui en furent les témoins !... ⸺ Si ce bouleversement des choses a été profitable à quelques villes du Royaume, celle de *Falaise* est loin d'en avoir tiré aucun avantage ; en outre la perte de quelques propriétés, elle a vu disparoître ses différens établissemens réligieux, parmi lesquels étoit un monastère remarquable, dont l'origine remontoit à l'année 1127, c'est à dire 21 ans après la défaite de *Robert Courte-Heuze.*

Son bailliage, d'une immense étendue jadis, se trouve maintenant transformé en un arrondissement à limites rétrécies, et si l'établissement d'un collége extrêmement utile, n'est pour elle qu'un foible dédommagement, la faveur de quelques fonds, une centaine de mille francs répandus précédemment, sur les directions de Vire et de Lisieux, n'offre encore que l'espoir de voir un jour se terminer ces deux routes.

Mais si cette ville n'a point tiré parti des événemens, si, au contraire, ils se sont tournés à son détriment, du moins elle n'a pas perdu ce caractère d'affection pour son Monarque, dont la constance se fait apercevoir dans l'antiquité. Si elle fut fidèle aux deux *Roberts*, à son *Duc Guillaume*; si elle ouvrit ses portes à *Philippe-Auguste* et à *Charles VII*, son zèle ne s'est pas moins signalé envers *LOUIS XVIII*; peu de villes ont offert plus de royalisme et d'ardeur pour les Bourbons. — Les regrets y étoient tels au départ du Roi, que sur le bruit répandu que l'usurpateur étoit pris et arrêté entre Grenoble et Lyon, à l'instant les rues furent remplies par la foule des habitans, qui firent retentir l'air de cris de réjouissance et de celui de *Vive le Roi.*

Malheureusement, leur espérance fut bientôt déçue; obligés de se soumettre encore une fois au joug révolutionnaire, les quinze semaines ne tardèrent pas à leur paroître des siècles. Une des preuves les plus touchantes de leur attachement au Roi, pendant le séjour de Sa Majesté à Gand, et qui n'étoit pas la moins expressive, se manifestoit à la fin des grandes messes : après le

salvum fac imperatorem , un silence profond régnoit dans
toutes les églises , et si quelqu'un osoit le répéter , il
étoit ensuite l'objet de la risée publique.

————————

En revanche , dès le 26 Juin 1815 , un mouvement
royaliste , fortement prononcé , se fit sentir pendant plusieurs heures ; une nombreuse file de jeunes gens par-
courut les places et les rues , aux cris de *vive le Roi !*
vive Louis XVIII ! Bientôt un drapeau blanc parut à leur
tête , et l'attroupement se porta vers l'enseigne tricolore
de l'hôtel-de-ville, qui sur-le-champ auroit tombée, aux
cris répétés de *à bas le chiffon ,* si , par ménagement ,
les assaillans n'eussent accordé une sorte de capitulation
à l'autorité dominante alors dans l'arrondissement. —
A titre de dédommagement , on fit main-basse sur les
aigles de la poste et sur quelques autres objets.

Dans la matinée du 27 , le mouvement ayant été vivement comprimé, les Royalistes passèrent encore plusieurs
jours dans une angoisse nouvelle.

Mais le *huit Juillet* rien ne put leur résister. L'attaque
de l'odieux drapeau fut faite avec acharnement par une
masse formidable , au milieu de laquelle se faisoient remarquer plusieurs *jeunes gens* des principales familles
de la ville. Cette espèce de siége se prolongea plus de
trois heures. Enfin , un coup de feu , tiré par un rébelle ,
ayant percé de deux balles l'épaule d'un royaliste , l'attaque devint plus violente , et le drapeau tomba vers dix
heures du soir. Le lendemain , le bruit des cloches , les
coups de fusils , les cris de réjouissance , annoncèrent le
triomphe de la veille et l'installation du *Drapeau royal.*

Des fleurs, des devises, une multitude de signaux blancs, parurent à toutes les fenêtres, et donnèrent à cette ville un aspect de fête remarquable, auquel se mêloit le plus vif enthousiasme. Parmi le grand nombre de Dames qui s'empressèrent d'y prendre part, on voyoit avec plaisir d'aimables Parisiennes, Mesdames de Neu-querke, de St.-Fargeau et de Morfontaine.

De ce moment fut formée une Garde nationale, dans laquelle tous les habitans briguèrent l'honneur d'être admis. En peu de jours cette garde, toute dévouée à son Souverain, fut organisée, et ce fut même la première dans le département du Calvados. Jalouse de rivaliser d'attachement pour son Roi, avec les antiques habitans de *Falaise*, et d'imiter en cela l'exemple de ses ayeux, elle ne cesse de se faire remarquer par son zèle, sa dis-cipline et son exactitude pour le service.

Ses vœux seroient comblés, si elle parvenoit à fixer sur elle les regards de S. A. R. MONSIEUR, son auguste Colonel-Général.

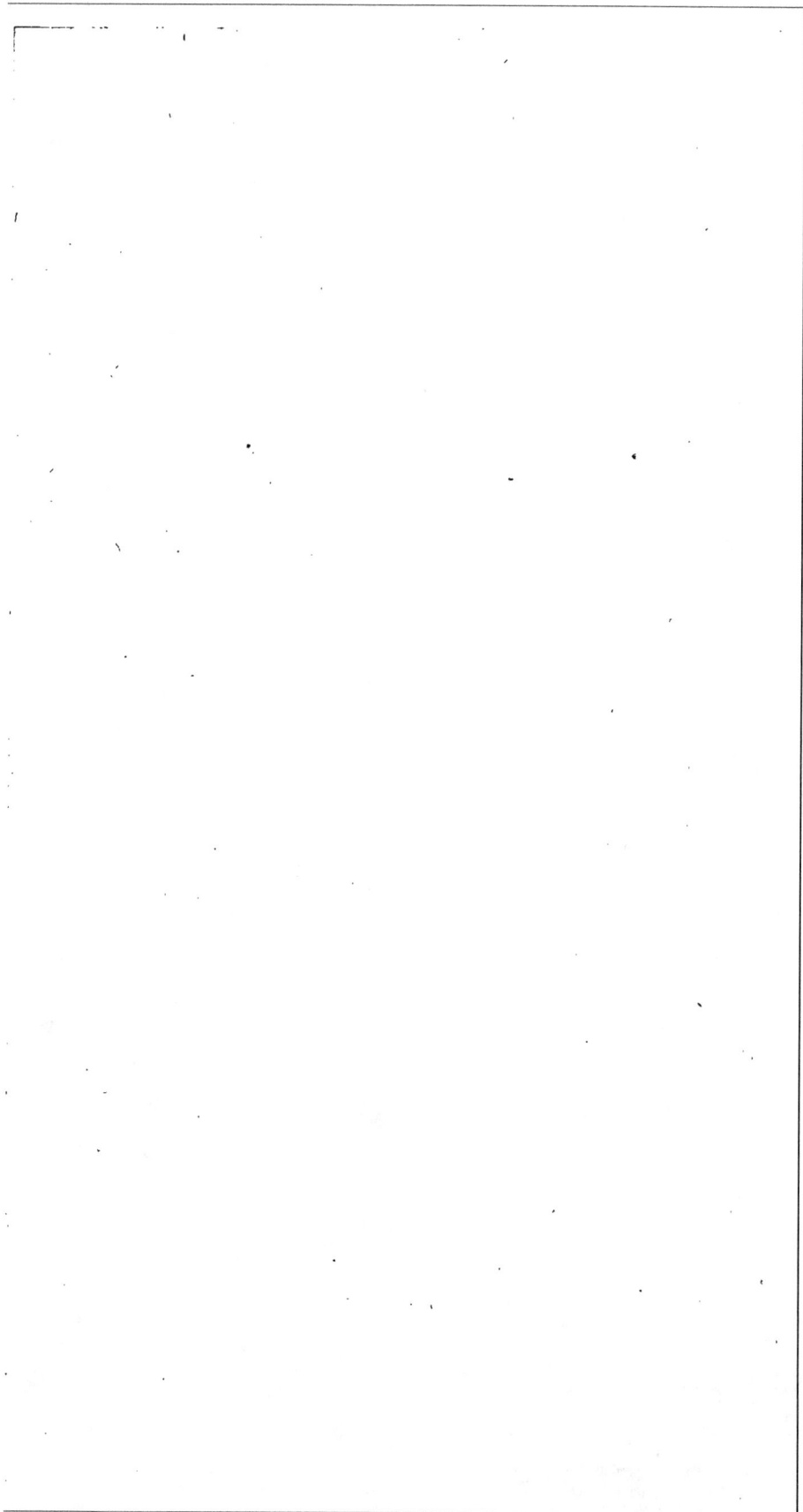

www.ingramcontent.com/pod-product-compliance
Lightning Source LLC
Chambersburg PA
CBHW060745280326
41934CB00010B/2365